圖解 世界足球 百科

新雅文化事業有限公司
www.sunya.com.hk

目錄

歡迎來到足球世界

　　職業足球是世界上擁有最多觀眾的運動，數以億計的球迷或會親臨比賽現場，或在電視機前觀看賽事。一般而言，球迷都會熱情地支持自己的國家隊和球會！

巴西是奪取最多**世界盃**冠軍的國家，也是唯一一支有資格參與歷屆世界盃的球隊。（請參閱第8-9頁）

　　來自全球的國家足球隊，每四年便會競逐球壇的最高殊榮——**世界盃**。對每個球員來說，代表國家出戰是無比光榮的事情。若國家隊最終贏得冠軍，更能使他由一名普通球員，變成國家的傳奇人物！

頂級國際球證**桑多爾·普爾**(Sándor Puhl)，曾擔任1994年世界盃八強賽事的主裁判員。比賽中有意大利球員用手肘撞擊一名西班牙中場球員，以至他的鼻骨骨折。可是，普爾竟然對此行為視若無睹，連黃牌也沒有出示！最後，意大利隊以比數2-1勝出，令西班牙隊的支持者忿忿不平，予以批評和譴責。（請參閱第54-55頁）

美國隊共獲得三屆**女子世界盃**冠軍，是歷來奪標次數最多的國家。德國隊兩奪獎盃居次，日本隊和挪威隊分別奪冠一次。（請參閱第12-13頁）

至今，只有兩次世界盃的決賽需要以**互射十二碼**來分出勝負，其中一次是2006年意大利隊和法國隊的比賽。最後，意大利隊5球全部射入，擊敗僅僅射入3球的法國隊。（請參閱第12-13頁）

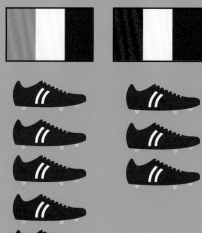

2006年舉辦的歐洲聯賽冠軍盃，阿仙奴連續10場比賽保持零失球，創下**歐聯史上最佳防守紀錄**。（請參閱第28-29頁）

近年，**球會盃賽**差不多跟世界盃一樣受歡迎。例如歐洲聯賽冠軍盃（歐聯）是十分矚目的賽事，各大球會在賽事中，都為了爭奪歐洲冠軍而奮戰！頂級球會如皇家馬德里、巴塞隆拿、曼聯等，都是世界知名的勁旅。

1970年，蘇丹首次進行了**非洲國家盃**的電視轉播。現今，世界各地的球迷都可透過電視觀看此賽事了。（請參閱第18-19頁）

英格蘭超級足球聯賽（英超）於1992年8月舉行了**首場賽事**。同月，列斯聯前鋒艾力‧簡東拿（Eric Cantona）在一場比賽中射進3球，上演了英超史上第一次「帽子戲法」。（請參閱第20-21頁）

即使你不是任何足球隊的支持者，也可能會欣賞那些優秀的中場、後衞、前鋒、守門員。他們的風格和個性，無論在場內或場外，都讓人佩服不已。迪亞高‧馬勒當拿（Diego Maradona）、甸奴‧索夫（Dino Zoff）、祖漢‧告魯夫（Cruyff）等都是國際的傳奇球星，憑藉個人的才華和驚人技術，鼓舞了一眾足球愛好者。

巴西球員羅拔圖‧卡路士（Roberto Carlos）是史上其中一名**最佳左後衞**。不僅如此，他射罰球的命中率很高，人們稱他為「重炮手」（the bullet man）。（請參閱第44-45頁）

丹麥門將**彼得‧舒米高**（Peter Schmeichel）曾3次獲封為「丹麥足球先生」。（請參閱第46-47頁）

球王比利（Pelé）在職業生涯中攻進 **1,283** 球，突破了球壇紀錄。（請參閱第 40-41 頁）

足球的歷史

今天，足球是一項有組織、賽制，又包含科技運用的活動。然而，在足球運動剛誕生時，情況是完全不同的。那時候，足球只是一大羣人在空地上，追踢着一個「圓球」的活動。經過多年的發展和演變，才成為一項極受歡迎的運動。

英國是歐洲足球的**發源地**。中世紀時，英國村民會把豬隻的膀胱充氣當成足球，然後比賽將「球」踢入其他村落的教堂裏。

英國統治者奧利佛·克倫威爾（Oliver Cromwell）在1653年至1658年期間，再次將足球運動定為非法行為，他宣稱足球是一種非常膚淺的活動。

二千多年前，踢球是中國古代的一種遊戲，稱為「**蹴鞠**」。圓球用皮革縫製而成，並以毛髮或羽毛填滿內部。這就是足球的起源了！

公元500-1000年

1600年

公元前100-300年

1314年

英皇愛德華二世（Edward II）首次**禁止了足球活動**！接下來的幾個世紀，不同君主也禁止國民踢足球。他們認為國民只顧踢球，荒廢了對戰事更有用處的射箭練習。

1526年

英皇亨利八世（King Henry VIII）是第一個擁有**足球鞋**的人，這雙球鞋價值4先令（當時的貨幣單位），大約是現時的75英鎊。很可惜，現在這雙球鞋已經下落不明了。

1872年

史上**第一場官方國際球賽**在蘇格蘭帕特里克（Partick）舉行，由英格蘭隊與蘇格蘭隊對戰，最後雙方賽和雙方以零比零賽和。

人們常稱英國律師埃比尼澤·科布·莫雷（Ebenezer Cobb Morley）為「**現代足球之父**」。他在1863年創立了英格蘭足球總會（Football Association，英文簡稱「FA」），這是首個負責管理各項正規足球賽事的機構。此外，莫雷制定了一系列的官方足球賽例——國際足協球例，當中包括比賽持續的時間，以及各項罰則等。時至今天，這些規例仍被世界各國採用。

到了1900年，阿根廷、意大利、德國等國家，均效法英格蘭成立管理足球賽事的組織。1904年，國際足球協會（FIFA）正式成立，這是第一個負責組織、監管足球比賽的國際機構。

1863年

1904年

1891年

十九世紀六十年代，門楣首次加建成為龍門架的一部分。1891年，龍門架又加上了球網。

1848年

英國劍橋大學首次草擬了足球賽事的規則。過往有不少球會各自制定了一些**足球規則**，但通常都是在比賽前才定下各項賽例！自由球、越位、中場休息的賽規，便是英國最早成立的球會——錫菲足球會（Sheffield FC）所訂立的。

世界盃*

　　國際足協世界盃是球壇最盛大和最重要的賽事！每隔四年，全球熱切期待的世界盃決賽周便會上演！各國隊伍需要在分區外圍賽中爭取入選資格，晉身決賽圈的32個國家，將分組競逐16強席位，最後以淘汰制分出勝負。由於入選隊伍都是從世界各地中挑選出來的，所以如果能勇奪世界盃冠軍，即證明該國家隊是世界上真正的足球王者！

*資料截至2014年國際足協世界盃

NO.1

世界盃是擁有**最多觀眾**的體育項目。

只有巴西隊曾參與歷屆世界盃賽事，而且奪冠的次數最多。

國家		冠軍次數
巴西		5
意大利		4
德國		4
阿根廷		2
烏拉圭		2
法國		1
西班牙		1
英格蘭		1

來自六大洲，超過 **200** 個國家出戰世界盃。

2014年巴西舉辦的世界盃，一共售出**330**萬張賽事門票！

歷來，曾有兩屆世界盃決賽需要**互射十二碼**來決定勝負，恰巧意大利都參與其中。1994年對戰巴西時，意大利以2-3落敗；2006年，意大利以5-3擊敗法國奪冠。

首屆世界盃於1930年在烏拉圭舉行。

1958年，巴西隊以5-2大勝瑞典隊，是目前為止世界盃決賽**入球最多**的一屆。

國際足球協會（FIFA）

國際足球協會於1904年成立，最初是籌劃8個歐洲國家的足球比賽。現時，它擁有超過200個成員國，並負責舉辦世界盃等大型國際賽事。

2014年，約有**7億1,500萬**名觀眾透過電視轉播觀看世界盃，數目是全球人口的十分之一！

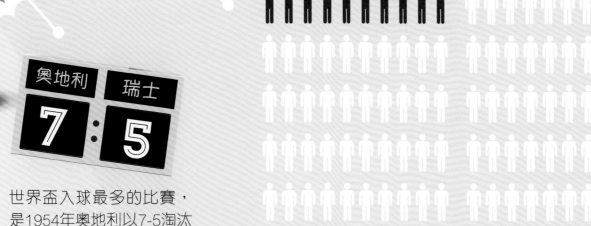

世界盃入球最多的比賽，是1954年奧地利以7-5淘汰瑞士的八強賽事。

著名的國家足球隊——巴西和德國

巴西隊和德國隊是非常成功的球隊，目前為止他們合共9次奪得世界盃冠軍！而且，兩國培訓了不少有史以來最頂尖的球員。

1970年，巴西第3次贏得世界盃冠軍，當時球隊擁有了被公認為史上最強的陣容，包括球王比利、查仙奴（Jairzinho）、卡路士‧阿爾拔圖‧托雷斯（Carlos Alberto Torres）。

巴西人對國家隊出戰世界盃是非常狂熱的！每逢巴西隊出賽，人們便會暫停手上的工作，甚至連商店和銀行都會提早關門。

在巴西，足球不但是運動，還是當地的一種文化。無論在街道還是沙灘，隨處都可以看見人們在踢足球。不論男女老少，巴西人都喜歡觀賞足球運動。

在過往二十屆世界盃賽事中，巴西共拿了5次冠軍，可說是最成功的國家球隊了。

巴西足球以漂亮悦目的踢法見稱，陣中總是不乏盤球技術高超、罰球處理能力出色的球員。

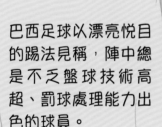

巴西 對戰 德國

勝出　12

落敗　5

平手　5

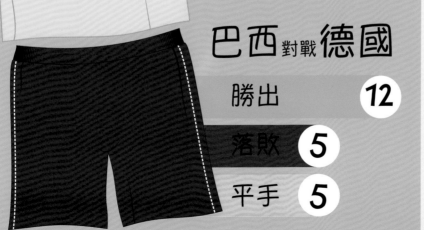

足球名人堂

巴西

比利（Pelé）
被世界公認為足球史上的傳奇巨星

加連查（Garrincha）
傑出的盤球王

迪迪（Didi）
主射罰球的能手

卡路士‧阿爾拔圖‧托雷斯
（Carlos Alberto Torres）
史上其中一名出色的後衛

朗拿度‧路易斯‧拿渣利奧‧迪利馬
（Ronaldo Luís Nazário De Lima）
曾代表國家參加三屆世界盃

巴西和德國同樣擁有一級的射手，於世界盃中為球隊貢獻大量入球。

朗拿度·路易斯·拿渣利奧·迪利馬
射進
15球

米路斯拉夫·高路斯
（Miroslav Klose）
射進
16球

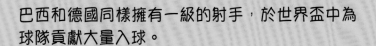

跟大部分國家不同的是，德國人支持國家足球隊比支持球會熱情得多，上百萬的德國民眾會聚集在公共場地，一起透過大螢幕觀看世界盃。

德國隊以其組織能力、嚴謹的紀律和進球的把握能力而聞名於世。除此之外，球員還擅長在以十二碼分勝負時，擊敗對手。

足球名人堂

德國

法蘭斯·碧根鮑華
（Franz Beckenbauer）
一名非常出色的德國隊隊長，後來成為球隊領隊

格德·梅拿（Gerd Müller）
在1970年的世界盃中攻進10球

卡爾·海因茨·路明尼加
（Karl-Heinz Rummenigge）
進球次數極高的翼鋒

路德·馬圖斯（Lothar Matthäus）
曾出戰五屆世界盃

塞普·美亞（Sepp Maier）
史上傑出的守門員之一

世界盃史上的**六大神射手**中，德國隊球員佔了其中三名。他們分別是：米羅斯拉夫·高路斯、格德·梅拿和尤爾根·奇連士文（Jurgen Klinsmann）。

7-1

德國於2014年世界盃四強賽事中，以球隊歷來最佳的戰績勝出。那隊不幸落敗的球隊，剛巧就是巴西隊！

11

女子世界盃*

　　就如男子世界盃一樣，女子世界盃也是四年舉行一次。各支國家代表隊需要參加外圍賽，競逐出席決賽周的資格。雖然女子世界盃於1991年才首次舉行，但其規模和普及性正快速擴展。

*資料截至2015年國際足協女子世界盃

女子世界盃中出類拔萃的球員：

巴西球員瑪達
（Marta）
共攻入15個入球

美國球員克里斯丁·莉莉
（Kristine Lilly）
共參與多達五屆世界盃

德國球員比吉特·佩蓮絲
（Birgit Prinz）
兩度贏得世界盃

1999年的女子世界盃決賽在美國加尼福尼亞洲舉行。決賽由美國隊與中國隊對壘，賽事共售出超過9萬張門票，是女子運動比賽票房的世界紀錄，由此可見這是一項十分受歡迎的體壇盛事！該賽事最終以互射十二碼定勝負，美國隊以比數5-4勝出。

阿比·瓦姆巴赫（Abby Wambach）是所有男女子足球運動員中，最成的國際賽射手。她創下在國際比賽射入184球的紀錄！

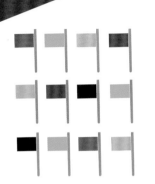

首屆女子世界盃於1991年舉行，
當時只有12個國家參賽。到了
2015年，參與第七屆世界盃的國
家數量已是首屆的兩倍！當中包
括了來自歐洲、美洲、非洲和亞
洲的國家代表隊。

美國隊共獲得3次
女子世界盃錦標，
是歷來最多。德國
兩奪獎盃，而日本
與挪威也分別奪得
1次冠軍。

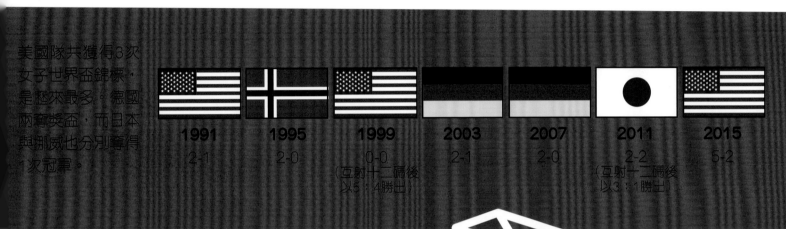

1991	1995	1999	2003	2007	2011	2015
2-1	2-0	0-0 （互射十二碼後 以5：4勝出）	2-1	2-0	2-2 （互射十二碼後 以3：1勝出）	5-2

美國的米歇爾·阿科爾斯（Michelle Akers），
是女子世界盃賽事中，單場取得最多入球的
球員。她在1991年世界盃的半準決賽中，
個人獨取**5個入球**，協助美國隊以7-0大
勝中華台北隊。

1991

首個女子世界盃「帽子戲法」於1991年上演，意大
利前鋒嘉露蓮娜·摩拉絲（Carolina Morace），三
度攻破中華台北防守，成功入球，協助球隊從分組
賽中出線。

GOAL

就如男子世界盃一樣，女子世界盃
賽事已使用**門線技術**（請參閱第
60-61頁），以判斷足球是否完全
越過龍門線。

13

歐洲國家盃*

　　四年一度的歐洲國家盃，簡稱為「歐國盃」，會於兩屆世界盃決賽之間舉行，並以淘汰制方式決定誰是歐洲霸主。24個國家會在此賽事中爭奪王座，重視的程度猶如世界盃！

*資料截至2014年歐洲國家盃

65球

德國隊在歐國盃的總入球數量是最多的。

1972年	1964年
1980年	2008年
1996年	2012年
德國勝出	**西班牙勝出**

歐國盃賽事中，表現最出色的莫過於德國和西班牙了！這兩個國家分別贏得了3次冠軍！

西班牙是唯一一個成功衛冕歐國盃的國家！西班牙不但於2008年和2012年奪得歐國盃冠軍，也於兩屆賽事期間，贏得了2010年世界盃冠軍！

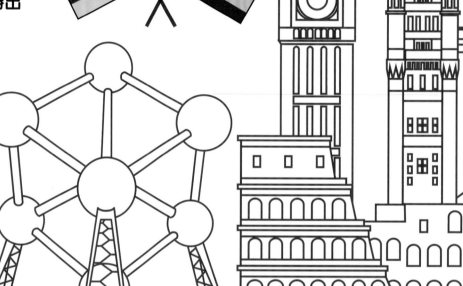

歐國盃入圍決賽周的國家數目	4		1960
	8	**年份**	1980
	16		2000

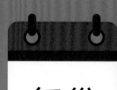

德國隊是歷屆參與最多歐國盃賽事的球隊，其次是荷蘭，然後是西班牙。

38 次
德國

32 次
荷蘭

30 次
西班牙

法國中場米高·柏天尼（Michel Platini）於1984年歐國盃中，主導了球隊的賽果。他破紀錄攻入了9球，包括上演了兩次帽子戲法！對一個中場球員來說，他的射球技術實在無人能及，稱得上是歐國盃中表現極出色的其中一位球員。

歐國盃令人最震驚的賽事是在2004年，被視為實力較弱的希臘以1-0擊敗了主辦國葡萄牙。

主辦國

法國

意大利

比利時和荷蘭

冠軍

前蘇聯

西德

法國

美洲國家盃*

　　美洲國家盃可說是南美洲版本的歐國盃，一樣以淘汰制分出高下。在12隊參賽隊伍之中，有10隊來自南美洲，其餘兩支球隊來自南美洲以外的國家。墨西哥、美國、日本都曾經被邀請參與賽事。

*資料截至2016年美洲國家盃

美洲國家盃與其他國際盃賽不一樣，它並不會定期舉辦，有時候兩屆賽事只相隔一年，有時候卻相距八年！

1959年，在一年間舉辦了兩次美洲國家盃！阿根廷和烏拉圭先後獲得了冠軍。

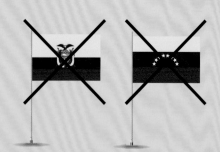

在南美洲的隊伍中，只有厄瓜多爾和委內瑞拉未曾奪冠。所有獲邀參加賽事的客隊，也從未贏得冠軍。

美洲國家盃的特別之處是它會頒授**兩個獎盃**！冠軍得主會獲得美洲國家盃，亞軍則獲頒授玻利維亞盃。

15 烏拉圭　　**14 阿根廷**

烏拉圭在此盃賽中表現最突出，共贏了**15次**，阿根廷戰績非常相近，以**14次冠軍**緊隨其後。

委內瑞拉

哥倫比亞

厄瓜多爾

秘魯

巴西

玻利維亞

巴拉圭

烏拉圭

阿根廷

智利

10 支
南美國家隊

1959年舉辦了兩次美洲國家盃，在第一次比賽中，巴西球員比利獲封為「**神射手**」，當時他只有18歲。可惜，巴西最後敗於阿根廷。

2015年阿根廷對智利的決賽，美斯（Lionel Messi）遺憾與冠軍擦身而過，心灰意冷之下，他拒絕接受盃賽「最佳球員」的榮譽。

2016年適逢美洲國家盃成立一百周年！該屆賽事於美國舉辦，共有16支國家足球隊參戰。

參加美洲國家盃的球隊偏向運用進攻戰術，平均每場比賽都有超過3個入球。

1949年美洲國家盃中，巴西在6場比賽中攻進了43球。在決賽時，巴西隊射入了7球，創造了驚人的成績！

非洲國家盃*

要決定非洲國家的足球王者，兩年一度的非洲國家盃必定是最重要的賽事！來自頂級球會的球員會為國家披甲上陣，競逐這項越來越知名的非洲賽事冠軍。

*資料截至2017年非洲國家盃

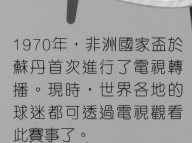

對非洲國家盃的參賽隊伍來說，以擲硬幣來決勝負是非常重要的。

1965年，突尼斯透過擲硬幣的方式，將塞內加爾淘汰，取得進入決賽的資格。

1988年，阿爾及利亞以擲硬幣的方式進入半決賽，對手科特迪瓦則八強止步。

1970年，非洲國家盃於蘇丹首次進行了電視轉播。現時，世界各地的球迷都可透過電視觀看此賽事了。

非洲國家盃成立後，曾出現過3個不同的獎盃。

原先的銀製獎盃，在加納第3次登上冠軍寶座後，允許由該國保留。

喀麥隆同樣3次封王，得以保存第2個獎盃。

第3個獎盃的表層鍍金，於2001年製成，將會由下一個3次奪冠的國家保留。

非洲國家盃的神射手

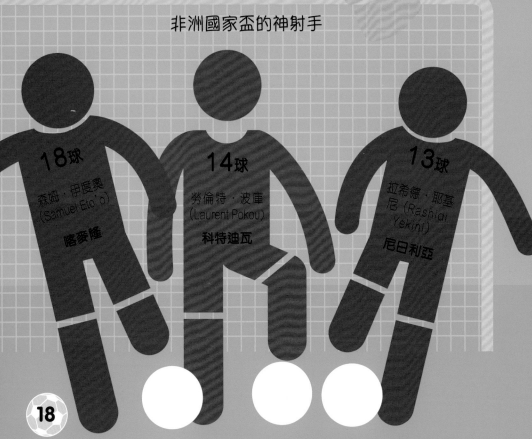

18球
森姆·伊度奧
(Samuel Eto'o)
喀麥隆

14球
勞倫特·波庫
(Laurent Pokou)
科特迪瓦

13球
拉希德·耶基尼 (Rashidi Yekini)
尼日利亞

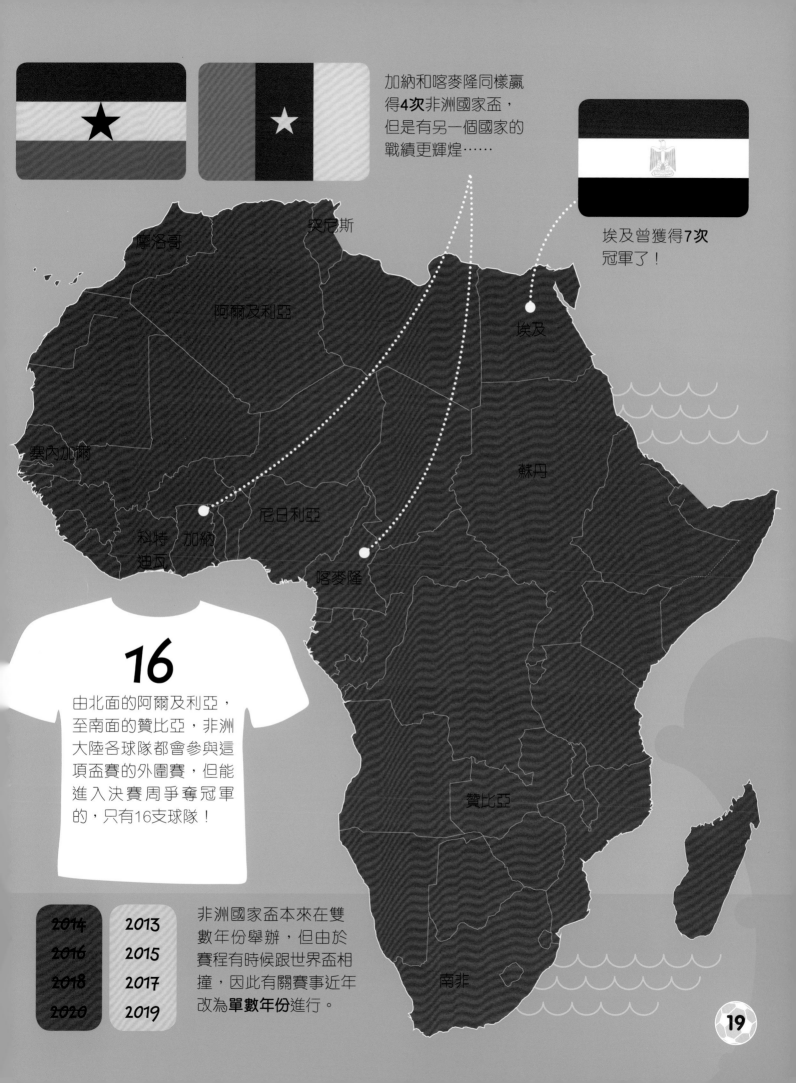

加納和喀麥隆同樣贏得**4次**非洲國家盃，但是有另一個國家的戰績更輝煌……

埃及曾獲得**7次**冠軍了！

摩洛哥

突尼斯

阿爾及利亞

埃及

塞內加爾

蘇丹

尼日利亞

科特迪瓦　加納

喀麥隆

16

由北面的阿爾及利亞，至南面的贊比亞，非洲大陸各球隊都會參與這項盃賽的外圍賽，但能進入決賽周爭奪冠軍的，只有16支球隊！

贊比亞

2014	2013
2016	2015
2018	2017
2020	2019

非洲國家盃本來在雙數年份舉辦，但由於賽程有時候跟世界盃相撞，因此有關賽事近年改為**單數年份**進行。

南非

英格蘭超級足球聯賽*

20支頂尖球隊於英超球季中，分別在主場和作客賽事中互相較量，力爭聯賽榜分數。所得分數最高的球隊，將會是英超霸主！獲得最少分數的三支球隊，來季將要降班參與英冠聯賽。

*資料截至2017年英格蘭超級聯賽

英超於1992年8月舉行了首場賽事。同月，列斯聯前鋒艾力·簡東拿在一場比賽中射進三球，上演了英超史上第一次「帽子戲法」。

簡東拿轉會至曼聯後，成為了英超最早期的大球星！而且，他還幫助球會贏得多項錦標。

英超入球最多的球員，是攻進260球的神射手阿倫·舒利亞（Alan Shearer）。

阿歷士·費格遜爵士（Sir Alex Ferguson）是最成功的領隊，曾帶領曼聯贏得13個英超冠軍。

加雷斯·巴利（Gareth Barry）由1997年開始出戰英超，是英超史上上陣次數最多的球員。

2016年李斯特城出乎意料地捧走了英超冠軍！季初，他們只有五千分之一的機會能奪冠。

軍路士累積的紅、黃牌超過1,200張，是嚴重犯規次數最多的英超球隊。

2017年10月，超過8萬名觀眾進場欣賞熱刺對利物浦的賽事，人數是英超史上最高的。

2015年球季中，超過1,300萬名球迷親身到場觀賞比賽，其中超過95萬人是從外國前往英國的。

沙米‧希比亞
（Sami Hyypiä）
芬蘭

蒂埃里‧亨利
（Thierry Henry）
法國

奇連‧丹普西
（Clint Dempsey）
美國

迪迪亞‧杜奧巴
（Didier Drogba）
科特迪瓦

祖連奴‧保利斯塔
（Juninho Paulista）
巴西

沙治奧‧阿古路
（Sergio Agüero）
阿根廷

添‧卡希爾
（Tim Cahill）
澳洲

很多海外球員都被英超的魅力吸引！自英超成立以來，超過100個國家，1,500多名外援不惜遠赴英國，效力英超球會。

英超極受世界各地的球迷歡迎，1992年天空體育台花了**3億4百萬英鎊**，購入五年的衞星轉播權。

英超是最多人收看的球會聯賽，多達212個國家的6億1千3百萬戶觀眾透過電視轉播欣賞此項賽事。

阿仙奴、愛華頓、利物浦、車路士、曼聯和熱刺是6支從未降班的球隊，這對球會是十分重要的，因為降班的球會大約會損失2億英鎊的收入。

截至2016年，英超共舉辦了24屆賽事，當中曼聯囊括了**一半以上**的冠軍。

雖然英超賽事已甚具現代特色，但球證的哨子，仍然是使用一百多年前「Acme Thunderer」的一型號。

利物浦　曼聯
愛華頓

阿仙奴　熱刺
車路士

闊綽的球會

自英超成立以來，車路士共花費超過**17億英鎊**轉會費來羅致球員。

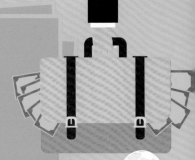

意大利甲組足球聯賽*

意大利甲組足球聯賽（意甲）是全球頂級球會的錦標之一，也是意大利最高級別的盃賽！參與隊伍包括為人熟悉的祖雲達斯、AC米蘭和國際米蘭。

*資料截至2017年意大利甲組足球聯賽

意大利盃

1

採用淘汰制的意大利盃跟意甲一樣備受重視，榮奪**最多冠軍**的祖雲達斯，曾贏得12次意大利盃。

獲得最多意甲冠軍的球隊是：

33 祖雲達斯

18 AC米蘭

18 國際米蘭

3 羅馬

2 拉素

「老婦人」是祖雲達斯的別稱。在奪得兩次歐聯冠軍後，祖雲達斯奠定了歐洲一級球會的地位，更可稱得上是最成功又獲得最多支持的球隊之一。

國際米蘭是其中一隊最早引入外援的球隊，他們於1908年簽下了瑞士球員**赫恩斯特·馬克特爾**（Hernst Marktl），並委任他為隊長。

羅馬和拉素同樣位於意大利首都**羅馬**，雖然同屬一個城市，但兩家球會的打吡戰總是非常激烈。

西爾維奧·皮奧拉（Silvio Piola）創下了意甲入球最多的紀錄，在25年職業生涯中，他以274個入球成為最佳神射手。

最多入球

274

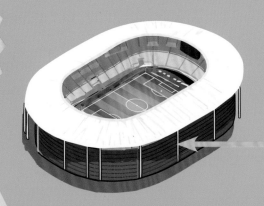

2001年7月，薛尼丁·施丹（Zinedine Zidane）由祖雲達斯轉投皇家馬德里，轉會費高達7千3百50萬歐羅，是意甲最高的紀錄。

聖西路球場是AC米蘭和國際米蘭的主場，也是意大利最大的球場。

保羅·馬甸尼（Paolo Maldini）參加了大部分意甲的賽事，在1984年至2009年期間，他為AC米蘭上陣多達647次。

國際米蘭是唯一一支參加了意甲所有賽季的球隊。

馬可·巴路達（Marco Ballotta）是參加意甲球賽最年長的球員，當時的他年齡已有44歲零38日了。阿美度·艾馬迪爾（Amedeo Amadei）在15歲零280日為羅馬上陣，成為最年輕的出場球員。

AC米蘭於1991年至1993年，以連續58場不敗紀錄，締造了意甲最長時間的不敗神話。

由於奪標隊伍在來季可在球衣繡上一個小盾牌，所以意甲冠軍又稱為「Scudetto」，即「小盾牌」的意思。

AC米蘭
國際米蘭
寶倫天拿
祖雲達斯
羅馬
拉素
拿坡里

七姐妹

以上球隊稱為「意甲七姊妹」，它們在大部分球季中都能力壓群雄，位列頭七名。近年，拿坡里已取代了帕爾馬，成為前列球隊了。

西班牙甲組足球聯賽*

　　西班牙甲組足球聯賽（西甲）由該國最強的20家球會競逐冠軍寶座，是西班牙頂級盃賽之一。西甲吸引了很多海外的優秀球員，包括迪亞哥‧馬勒當拿、利昂內爾‧美斯、基斯坦奴‧朗拿度等。

*資料截至2016年西班牙甲組足球聯賽

西甲射手榜：

1	利昂內爾‧美斯 (Lionel Messi)	阿根廷		305 球
2	基斯坦奴‧朗拿度 (Cristiano Ronaldo)	葡萄牙		252 球
3	特爾莫‧薩拉 (Telmo Zarra)	西班牙		251 球
4	曉高‧山齊士 (Hugo Sánchez)	墨西哥		234 球
5	魯爾‧干沙利斯‧白蘭高 (Raúl González Blanco)	西班牙		228 球

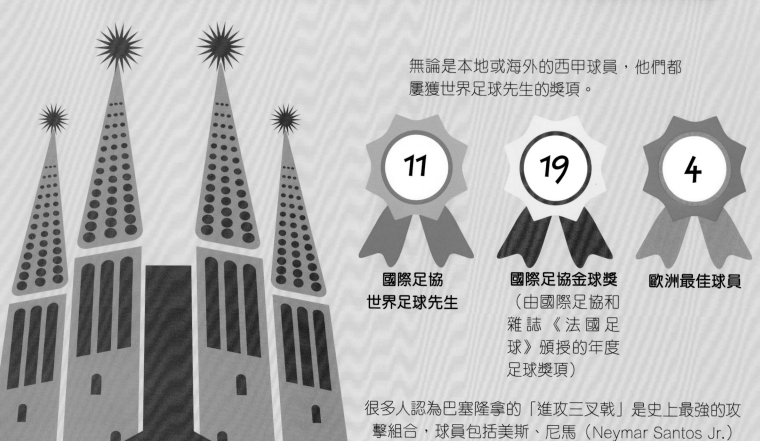

無論是本地或海外的西甲球員，他們都屢獲世界足球先生的獎項。

11
國際足協
世界足球先生

19
國際足協金球獎
（由國際足協和雜誌《法國足球》頒授的年度足球獎項）

4
歐洲最佳球員

很多人認為巴塞隆拿的「進攻三叉戟」是史上最強的攻擊組合，球員包括美斯、尼馬（Neymar Santos Jr.）和路爾斯‧蘇亞雷斯（Luis Suárez）。

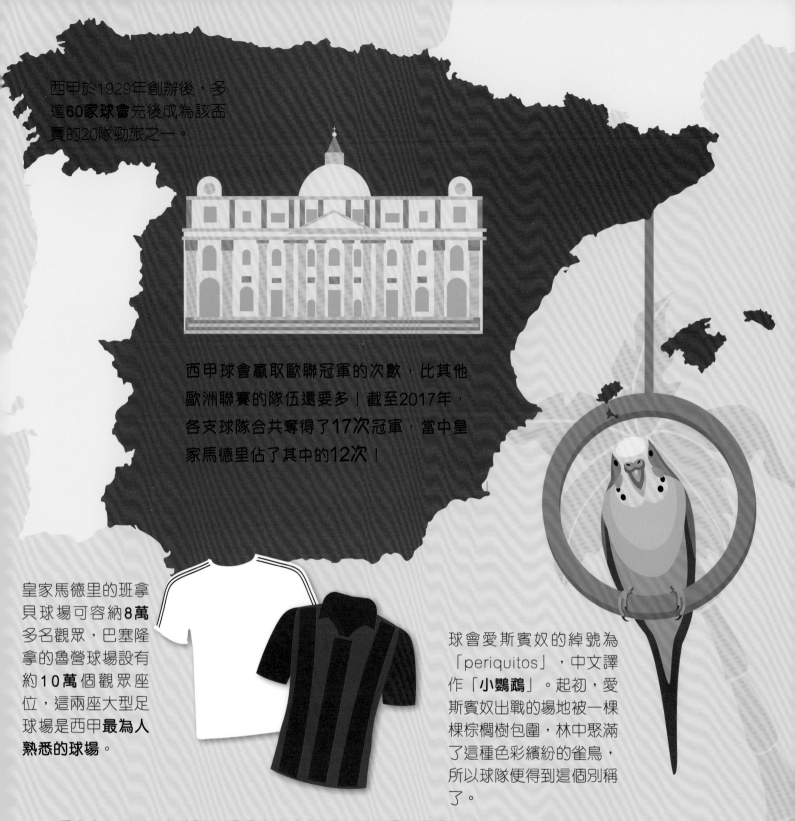

西甲於1929年創辦後，多達**60家球會**先後成為該盃賽的20隊勁旅之一。

西甲球會贏取歐聯冠軍的次數，比其他歐洲聯賽的隊伍還要多！截至2017年，各支球隊合共奪得了17次冠軍，當中皇家馬德里佔了其中的12次！

皇家馬德里的班拿貝球場可容納**8萬**多名觀眾，巴塞隆拿的魯營球場設有約**10萬**個觀眾座位，這兩座大型足球場是西甲**最為人熟悉的球場**。

球會愛斯賓奴的綽號為「periquitos」，中文譯作「小鸚鵡」。起初，愛斯賓奴出戰的場地被一棵棵棕櫚樹包圍，林中聚滿了這種色彩繽紛的雀鳥，所以球隊便得到這個別稱了。

歷史上，曾有9支球隊在西甲賽事中封王。皇家馬德里是紀錄保持者，截至2016至2017年球季，共捧走了33個冠軍，勁敵巴塞隆拿奪冠24次而排在第二位。

33	24	10	8	6	2	1	1	1
皇家馬德里	巴塞隆拿	馬德里體育會	畢爾包	華倫西亞	皇家蘇斯達	皇家貝迪斯	西維爾	拉科魯尼亞

德國甲組足球聯賽*

　　德國甲組足球聯賽（德甲）是德國最高級別的聯賽，每季共有18隊參賽。他們在主場和客場互相對陣一次，得分最高的就是應屆德甲冠軍！有別於其他歐洲聯賽，德甲隊伍十分重視對青少年球員的培訓，球會培育了不少土生土長的年青球員，並會按其表現，逐步提升至甲組聯賽。

資料截至2016年德國甲組足球聯賽

漢堡

史浩克04

多蒙特

位列全球最有價值球會榜上的四間德甲球會：

德甲是全球最受歡迎的聯賽之一，超過200個國家的球迷可以在電視上收看到德甲的轉播，轉播轉播費每年超過6億歐元，是德甲最主要的收入來源。

首季德甲於1962年開始，至今共有53隊不同球隊參與過這項賽事，爭取18個席位的其中一席。

各式各樣美味的小吃陪伴球迷度過了德甲球季。在拜仁慕尼黑和1860慕尼黑共用的主場——安聯球場，觀眾每場都會吃掉近2萬5千條德國香腸！

根據在歐聯和歐霸盃的成績，德甲位列歐洲最成功聯賽的次席，僅隨西甲之後。

德甲平均每場賽事的入場觀眾超過4萬5千人，比世界上任何一項足球聯賽還要多！

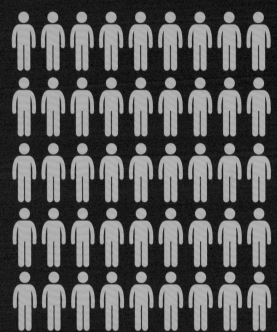

👤 = 1,000

拜仁慕尼黑

26

要評價德甲歷史上**最成功的球會**，拜仁慕尼黑絕對是不二之選。這個球會共26次取得德甲冠軍，在國內淘汰制盃賽所贏的獎盃比任何一隊多，而且是唯一一支，曾奪走所有歐洲主要賽事錦標的德國隊伍！

德甲多年來出現過不少**偉大球員**，例如：拜仁慕尼黑的**法蘭斯·碧根鮑華**、**格德·梅拿**、**米羅斯拉夫·高路斯**、漢堡的**烏維·施拉**（Uwe Seeler）等。

歐洲聯賽冠軍盃*

簡稱「歐聯」的歐洲聯賽冠軍盃，是一年一度由歐洲頂級球隊爭奪最高榮譽的賽事。只有在上一季於國家最高級別的聯賽中，名列前茅的少數隊伍，才符合歐聯的參賽資格。

*資料截至2017年歐洲聯賽冠軍盃

每年估計有3億6千萬名球迷觀看歐聯決賽，是全球最多人收看的年度體育活動！

1月	2月	3月	4月
5月	6月	7月	8月
決賽			
9月	10月	11月	12月

歐聯賽季大約在每年7月中展開，各支強隊的共同目標是進軍大約在翌年5月舉行的決賽！

淘汰賽階段：

最後16強

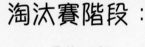

8強

準決賽

決賽

冠軍

1955年以前還未設立歐聯，當時形式類似的一項錦標賽「**歐洲冠軍球會盃**」，只會接受各國聯賽的冠軍參加。時至今日，歐聯的參賽資格已大為放寬，來自西班牙、意大利和英格蘭等足球強國的球會，即使在聯賽中排行第四，也可透過外圍賽爭取成為32隊決賽圈球隊之一。

西班牙的皇家馬德里是歐聯史上最成功的球會，共奪冠12次！

皇家馬德里	★★★★★★★★★★★★
AC米蘭	★★★★★★★
拜仁慕尼黑	★★★★★
巴塞隆拿	★★★★★
利物浦	★★★★★

歐聯分組賽的
32支球隊，會
分成8組進行主
客制賽事，每組
首、次名將晉身淘
汰賽階段：
16強 → 8強 →
準決賽 → 決賽

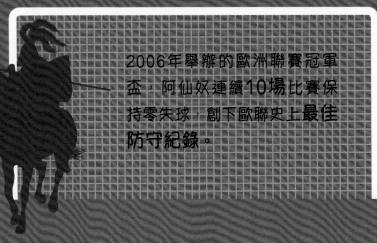

2006年舉辦的歐洲聯賽冠軍盃，阿仙奴連續10場比賽保持零失球，創下歐聯史上最佳防守紀錄。

巨額獎金

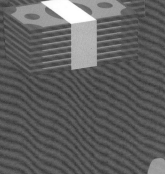

8強隊伍：6百萬歐元
4強隊伍：7百萬歐元
亞軍：1千零50萬歐元
冠軍：1千5百萬歐元

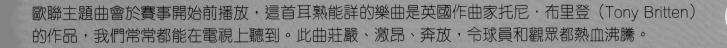

歐聯主題曲會於賽事開始前播放，這首耳熟能詳的樂曲是英國作曲家托尼·布里登（Tony Britten）的作品，我們常常都能在電視上聽到。此曲莊嚴、激昂、奔放，令球員和觀眾都熱血沸騰。

南美自由盃*

　　歐洲每年有令人期盼的歐聯，南美洲也有類似的大型賽事——南美自由盃。自由盃在洲內甚受歡迎，並已成為當地的一種文化。不少南美球員寧願放棄高薪，拒絕加盟歐洲球會，也要參與南美自由盃。

*資料截至2016年南美自由盃

勝出最多隊伍

7	獨立隊	阿根廷
6	小保加	阿根廷
5	彭拿路	烏拉圭

巴西球隊
阿根廷球隊

阿根廷球會在南美自由盃的表現最為突出，共奪冠24次，巴西球隊緊隨其後，17次贏得自由盃。

17

24

南美自由盃的特色之一，是決賽會以主客兩回合分出勝負。每年，現場觀眾平均有8萬人，同時賽事會由衛星轉播到135個國家。

= 4,000

南美球會投入大額資金招攬高質素的球員，加強競逐冠軍銜頭的實力。

| 11 | 2 |
| 彭拿路 | 華倫西亞 |

1970年，烏拉圭的彭拿路以11-2大勝委內瑞拉球會華倫西亞，是自由盃史上最大的勝仗。

洲際盃始於1960年，它是南美自由盃冠軍與歐聯冠軍的對決。賽事競爭異常激烈，暴力行為嚴重，不時有球員被撞破鼻子，受傷離場。該盃賽在1980年停辦，取而代之的是一回合決勝負的冠軍戰，很可惜暴力問題依舊，比賽到最後也要終止舉辦。

南美自由盃的最佳射手，是烏拉圭球隊彭拿路的阿爾拔圖·史賓沙（Alberto Spencer）。他總共射入了54球，比第二位的費蘭度·莫雷拉（Fernando Morena）多出17球。

南美自由盃最快的入球只需六秒，秘魯球隊利馬聯的菲力士·蘇亞雷斯（Félix Suárez）在1976年創下此紀錄。

00:06

南美自由盃的冠軍將自動獲得世界冠軍球會盃的參賽資格，可與其他五大洲的冠軍球會較量，爭奪全球最強球隊的殊榮。

英格蘭足總盃*

英格蘭足總盃是全球最著名的國內淘汰制賽事，無論是英超強隊，或是業餘隊伍都可參加，使這項盃賽更刺激。由於每一圈賽事都是以抽籤的方式決定對壘的球隊，因此不時會出現小球會越級挑戰強隊的情況。當強弱球會對陣時，偶然也會出現讓人意想不到的賽果！

*資料截至2017年英格蘭足總盃

奪冠次數最多的球隊：

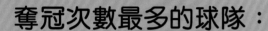

布力般流浪	紐卡素	利物浦	車路士	阿士東維拉	熱刺	曼聯	阿仙奴
6	6	7	7	7	8	12	13

足總盃賽事一旦出現和局，便會**互射十二碼**定勝負。2014年足總盃第二圈賽事，伍斯特城對戰斯肯索普時，創下了該盃賽互射十二碼次數最多的紀錄。最後，伍斯特城以13：14不敵斯肯索普。

艾殊利·高爾（Ashley Cole）曾7次奪得足總盃冠軍，在該獎項的成就無人能及。他在2002年、2003年和2005年效力阿仙奴期間，贏得3次冠軍；在2007年、2009年、2010年和2012年則以車路士球員的身分捧走獎盃。

足總盃的始創人查理斯·阿爾科克（CW Alcock），是當時球會流浪的隊長，該隊伍亦贏得了第一屆足總盃！

第一屆足總盃始於**1871年**，是全球最具歷史的足球錦標賽。

傳統上，**足總盃決賽**都在溫布萊球場進行，但由於球場進行重建，車路士是最後一支在舊溫布萊球場捧盃的球隊，也在2007年成為第一支在新溫布萊球場奪標的隊伍。

每屆足總盃都有超過**700支球隊**參與，並先以14圈淘汰賽決定入圍資格。低級別的球隊在每年8月開始於第一圈賽事爭取晉級，而高級別的隊伍會在翌年1月才加入角逐冠軍殊榮。

1963年冬季，英國出現了「**大冰封**」。當地天氣極度嚴寒，導致大部分足總盃第三圈的賽事被迫延期，結果需要額外66天才能完成所有補賽！

足總盃屢屢出現意料之外的戰果，被稱為「**巨人殺手**」的較弱隊伍有時候會把熱門隊伍淘汰出局。

1964年 － 牛津聯3：布力般流浪1

1971年 － 科爾切斯特聯3：列斯聯2

1980年 － 哈洛1：李斯特城0

1992年 － 雷克斯漢姆2：阿仙奴1

2011年 － 史蒂文納吉3：紐卡素1

出人意表的冠軍

1973年
新特蘭以1-0擊敗列斯聯

1976年
修咸頓以1-0擊敗曼聯

1988年
溫布頓以1-0擊敗利物浦

2013年
韋根以1-0擊敗曼城

足總盃賽事於1937年首次在電視轉播，現時估計每年有5億觀眾收看決賽的直播。

決賽開始前，獎盃的盃耳會繫上代表兩支球隊顏色的絲帶。當勝負已分後，只有勝出隊伍的絲帶能夠保留，敗方的絲帶將被移除。

超級球會

職業足球已成為一門大生意，數間具規模、極為富有的球會市值均超過10億英鎊。球會從不同品牌的贊助、電視和衞星轉播，還有出售比賽門票、球衣和球會商品等途徑，賺取龐大的收入。

世界上最富有的球會都來自歐洲，佔據頭四位的都是西班牙和英格蘭隊伍。

1 皇家馬德里
20.7億英鎊

2 曼聯
20.5億英鎊

3 巴塞隆拿
20.1億英鎊

4 曼城
20億英鎊

5 拜仁慕尼黑
15億英鎊

歐洲頂級球會出售的球衣數量，每年可高達150萬件。

全球最多人觀看的聯賽賽事，是西班牙球會皇家馬德里對巴塞隆拿的大戰！這項賽事每年都有超過4億名球迷透過電視轉播收看。

巴黎聖日耳門

★★★
季票

2,113英鎊

法國球會巴黎聖日耳門的季票是全世界最昂貴的。

曼聯共有大約**30個**不同的贊助商,包括航空公司和運動服裝品牌等,這些企業每年支付接近**1億5千萬歐元**的贊助費予球隊。

6 車路士 8.7億英鎊

7 阿仙奴 8.32億英鎊

8 利物浦 6.24億英鎊

9 祖雲達斯 5.31億英鎊

10 AC米蘭 4.92億英鎊

皇家馬德里擁有全世界最昂貴的陣容,球員總身價超過**4億英鎊**。單是在2009年,從曼聯羅致基斯坦奴·朗拿度,便支付了8千萬英鎊。後來,加里夫·巴里(Gareth Bale)的轉會費更高達8千5百萬英鎊。這兩位球星的身價加起來達1億6千5百萬英鎊!

皇家馬德里的前鋒基斯坦奴·朗拿度,每年從贊助商賺取的驚人收益,總額高達**1千6百60萬英鎊**!

同城對決：著名的打吡大戰

　　打吡戰是指相同或鄰近城市球隊的比賽。無論是球員，還是場內、場外的觀眾，都對每次打吡戰充滿熱情。在球迷心裏，在打吡戰中勝出，可能比贏得其他比賽而提升名次更為重要！

10大歐洲聯賽打吡大戰

1　些路迪 對 格拉斯哥流浪（位於蘇格蘭的格拉斯哥）

2　加拉塔沙雷 對 費倫巴治（位於土耳其的伊斯坦堡）

3　貝爾格萊德紅星 對 貝爾格萊德游擊隊（位於塞爾維亞的貝爾格萊德）

4　羅馬 對 拉素（位於意大利的羅馬）

5　奧林比亞高斯 對 彭拿典奈高斯（位於希臘的雅典）

6　AC米蘭 對 國際米蘭（位於意大利的米蘭）

7　利物浦 對 愛華頓（位於英格蘭的利物浦）

8　布加勒斯特戴拿模 對 布加勒斯特星隊（位於羅馬尼亞的布加勒斯特）

9　西維爾 對 皇家貝迪斯（位於西班牙的西維爾）

10　熱刺 對 阿仙奴（位於英格蘭的倫敦）

打吡賽事可以反映兩支球隊的**歷史**、**文化**和**宗教背景**的差異。蘇格蘭球隊些路迪和格拉斯哥流浪同樣來自格拉斯哥，但前者有着濃厚的天主教背景，後者則以新教（或作基督新教）為主。

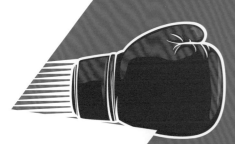

利物浦對愛華頓是最觸目的英格蘭打吡戰之一！雖然兩隊主場只相隔一個公園，但比鄰的關係無助於緩和雙方支持者誓不兩立的立場。

拉素對羅馬和AC米蘭對國際米蘭，分別是羅馬和米蘭**最轟動的打吡戰**！球場內的氣氛熱鬧，喇叭聲、球迷的吶喊聲和歌聲此起彼落，使場內聲音雷動。

加拉塔沙雷對費倫巴治

這兩支球隊的比賽幾乎是歐洲最暴力的打吡賽事，經常有焚燒旗幟、球迷的衝突等情況出現。兩支球隊的根據地同是土耳其首都伊斯坦堡，這個地方橫跨歐亞兩洲，加拉塔沙雷在歐洲一側，費倫巴治在亞洲一側。

小保加　對　河牀

除了歐洲以外，其他國家同樣有不少經典的打吡賽，其中最為人熟悉的是阿根廷球會小保加與河牀的對決。兩隊同處於首都布宜諾斯艾利斯，但小保加來自城中較窮困的地區，常被河牀球迷叫作「小豬」，暗喻其主場環境不佳。另一邊，小保加支持者也不甘示弱，稱對手為「小雞」，輕蔑河牀膽怯的踢法。

球場

　　球會的規模大小各異，主隊足球場也是大小不一。有些球場聲名顯赫，就跟大名鼎鼎的球會或球星不相伯仲。球場可容納數以萬計的觀眾，營造獨特的氣氛，甚至能吸引情侶到此舉行婚禮。

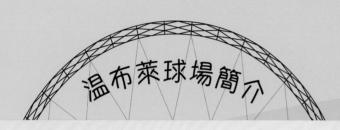

温布萊球場簡介

- 新温布萊球場於2007年建成，當中有多達**3,500位**建築工人參與建設。

- 球場周界約**1公里**，如果要步行繞場一周大約需要**15分鐘**。

- 球場的拱門約高**133米**，比自由神像高出差不多**1.5倍**。

- 新温布萊球場共有**2,618個**廁所，數目是全球球場之冠。

> **奧脫福球場**是曼聯的主場，球迷愛稱之為「夢劇院」（Theatre of Dreams）。場內最著名的是曼聯多年來攻守有序的足球風格。

位於墨西哥首都墨西哥城的**阿茲特克球場**，是墨西哥國家隊的主場，也是全球數一數二的大型足球場。那裏曾舉辦兩屆世界盃的決賽，能夠容納接近10萬名觀眾！

歐洲最大的足球場

巴塞隆拿的魯營球場能容納99,786人，是現時最大的球會主場。

温布萊球場	英格蘭	90,000人
西格納伊度納球場	德國	81,359人
班拿貝球場（皇家馬德里主場）	西班牙	81,044人
聖西路球場（AC米蘭和國際米蘭主場）	意大利	80,018人

宏偉的**法蘭西體育場**是法國隊的主場，在法國籌辦1998年世界盃時興建。除了足球以外，體育場也曾舉行2007年世界盃欖球賽。

2018年世界盃決賽將會在莫斯科的**盧日尼基體育場**進行，由於當地冬天非常寒冷，所以體育場仿效某些頂級球場，鋪上了人造草坪。

2018

捷克的**杜魯維斯球場**（Drnovice Stadium）可容納7,500人，但原來杜魯維斯這個小鎮只有大約2,300名居民，假如全部居民一起入場觀看球賽，他們每人可以佔用3個座位！

班拿貝球場是皇家馬德里的主場，曾上演四次歐聯決賽，也是1982年世界盃決賽的場地。

聖西路球場是AC米蘭和國際米蘭的主場，是唯一一個屬於兩支歐聯冠軍球隊的主場。

前鋒球員

誰是球迷心目中最激動人心的球員？當然是前鋒了。他們是足球界的超級偶像，身價高昂，轉會費至少有5千萬英鎊，而且不少頂級前鋒都是國際球壇的巨星。

世界盃入球最多的球員

米羅斯拉夫·高路斯	16
朗拿度·路易斯	15
格德·梅拿	14
祖斯·方亭	13
比利	12

巴西傳奇球員比利，在五十至七十年代的職業生涯中，共攻進1,283個入球，紀錄至今仍未有人能打破！

官方認可的「**世紀金球**」由阿根廷前鋒馬勒當拿射入。他在1986年世界盃半準決賽對陣英格蘭時，盤球避過5位球員，再繞過守門員而破網得分。

每個球季裏，在歐洲最高級別的聯賽中入球最多的球員，將獲歐洲足協頒發**金靴獎**。皇家馬德里的隊員基斯坦奴·朗拿度曾**4次**獲得此殊榮！

2001年，阿什頓聯與斯克爾默斯代爾聯的對賽中，阿什頓聯球員加雷斯·莫里斯（Gareth Morris）在開賽後4秒便成功入球，創下英格蘭足總盃**最快**的入球紀錄！

史篤城門將阿斯米·比高域（Asmir Begovic）在2013年對陣修咸頓時，射入超遠距離的一球。他將足球從己方龍門射入敵方龍門，這個距離為91.9米，比6輛雙層巴士的總長度還要長！

單場**入球最多**的球員（只計算攻進對方龍門的入球），是塞浦路斯的前鋒彭迪克斯（Panagiotis Pontikos）。2007年，一場塞浦路斯丙級賽事中，他個人射入了16球，協助隊伍以24-3勝出。

1 4 9   0
主隊   客隊

2002年，馬達加斯加的AS阿德瑪迎戰奧林匹克埃米內的賽事中，出現了最懸殊的賽果。事實上，全部入球都是客隊球員故意踢進自己龍門的，以此抗議球證的執法。

為國家隊攻進超過45球的球員*：

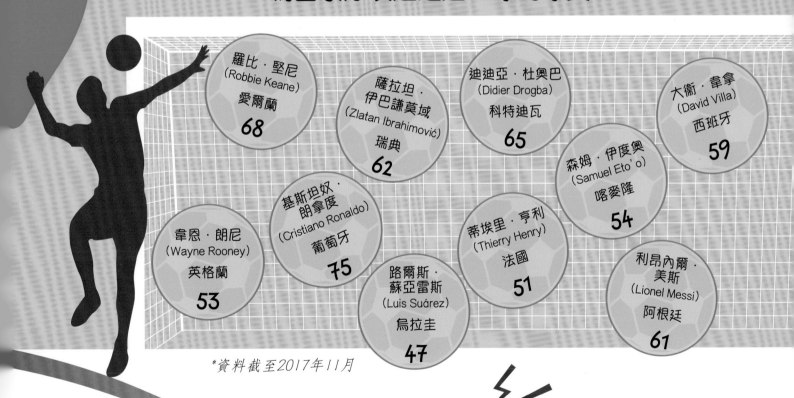

羅比·堅尼
(Robbie Keane)
愛爾蘭
68

薩拉坦·伊巴謙莫域
(Zlatan Ibrahimović)
瑞典
62

迪迪亞·杜奧巴
(Didier Drogba)
科特迪瓦
65

大衞·韋拿
(David Villa)
西班牙
59

森姆·伊度奧
(Samuel Eto'o)
喀麥隆
54

基斯坦奴·朗拿度
(Cristiano Ronaldo)
葡萄牙
75

蒂埃里·亨利
(Thierry Henry)
法國
51

韋恩·朗尼
(Wayne Rooney)
英格蘭
53

路爾斯·蘇亞雷斯
(Luis Suárez)
烏拉圭
47

利昂內爾·美斯
(Lionel Messi)
阿根廷
61

*資料截至2017年11月

李察·鄧尼（Richard Dunne）高踞英超射手榜的榜首！可是，這是**烏龍入球**的射手榜。鄧尼曾**10次**將球踢進自己隊伍的龍門。

中場球員

中場球員負責連繫後衛和前鋒的傳送，大致可分為進攻型、防守型，以及兼顧攻守的全能型。他們的跑動範圍覆蓋整個球場，一會兒在己方禁區協助防守，一會兒又會深入敵陣助攻。

足球陣式常會用數字來表達，例如：4-4-2陣式代表場上部署了4名防守球員、4名中場球員和2名前鋒球員。

4-3-3陣式部署較少中場球員。

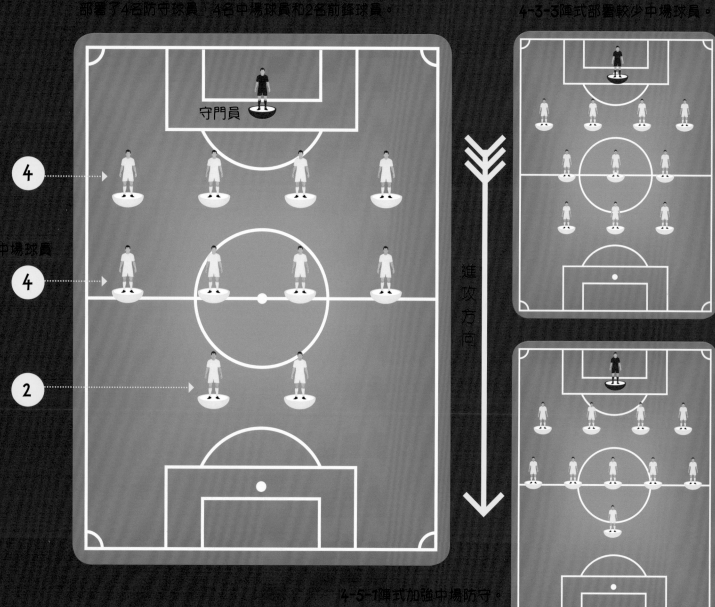

進攻方向

4-5-1陣式加強中場防守。

負責攔截的中場球員
需要有強壯的體格，
他們專注於防守工作，
負責破壞對手的進攻！

右翼位置一般由奔跑較快的中場球員……創造型的中場球員較少參與
會負責……在球破壞對……破壞對手進攻……取球……協……助攻……
腳、封阻。在戰術需要時，他們在比賽……精彩的傳球……在比賽
中會互換位置。

著名的中場球員

佐治·貝斯
（George Best）
北愛爾蘭

擁有神入化的盤扭技
術，曾貢獻無數
精彩入球。

路德·馬圖斯
（Lothar Mattháus）
西德

全能型中場，無論是
防禦，還是進攻都
極為優秀。

薛尼丁·施丹
（Zinedine Zidane）
法國

射球和傳球技術
都無可挑剔。

盧卡·莫迪歷
（Luka Modric）
克羅地亞

傳球精準的控制型
中場。

安德烈斯·
恩尼斯達
（Andrés Iniesta）
西班牙

進攻型中場，控球
能力和平衡力都
很出色。

保羅·普巴
（Paul Pogba）
法國

創造型和進攻型中
場，他是當今歐洲
球壇炙手可熱
的人物。

名人堂

祖漢·告魯夫（荷蘭）
活躍於二十世紀60至90年代球壇

告魯夫是具創意的中場組織者，而且機
智聰明。他能藉著巧妙的盤球、銳利的
目光、精準的傳球，震震為隊友製造入
球機會，而自己也經常能入球得分。
他的絕技稱為「告魯夫轉身」，需要
球員先假裝傳球、射球或推進來欺騙
對手，再突然將球踢回另一方
向，盤球轉身繞過對手。

馬勒當拿（阿根廷）
活躍於二十世紀70至90年代球壇

馬勒當拿是出色的創造型球員，也是……
……得較小，但質樸速度快、技術出眾、
神入化，防傳足球就黏在腳上一樣。
這位傳奇人物無疑是1986年世界盃
最顯目的球星，時至今日很多球
迷球迷都為他是最令人激動……
……（阿根廷）球員。

後防球員

後衛最主要的工作是阻止敵方入球。有些後防球員雖然並不高大，但移動速度極高，擅長搶奪對方腳下的足球；有些球員則又高大又敏捷，在面對角球、長傳等高球時，他們會躍起，化解對方前鋒的攻勢。現時，後防球員除了要堅守後方外，還需要參與進攻。

防守陣式1

中堅（Centre Back）負責防守龍門前方的位置，阻止敵方射球。

邊衞（Full Back）的防守區域在左右兩邊，填補中堅兩側的位置。

邊衞　中堅　中堅　邊衞

巴西球員羅拔圖·卡路士不但是一名頂級左後衞，也擅長主射罰球，因而得到「**重炮手**」的稱號。他射的罰球時速超過160米，而且足球更會以一條弧線般入網。

意大利球員**保羅·馬甸尼**被視為近年最佳的後防球員。他的適應能力強，可以擔任中堅或是左右邊衞。馬甸尼既硬朗又機靈，即使是最優秀的前鋒，也不願與他為敵。

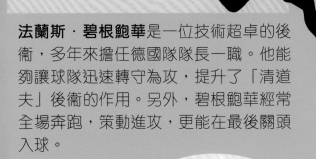

法蘭斯·碧根鮑華是一位技術超卓的後衛，多年來擔任德國隊隊長一職。他能夠讓球隊迅速轉守為攻，提升了「清道夫」後衛的作用。另外，碧根鮑華經常全場奔跑，策動進攻，更能在最後關頭入球。

波比·摩亞（Bobby Moore）是前英格蘭國家隊的隊長，於1966年首奪世界盃冠軍，成就僅次於碧根鮑華和馬甸尼。儘管摩亞不是速度很快的防守球員，但他擁有無人能及的觀察力，能適時作出有效的攔截。

有些後衛身形較矮小，卻能以速度和個人技術彌補不足。最佳例子是德國隊的世界級後防球員菲臘·拿姆（Philipp Lahm），人們稱他為「魔法小巨人」。

當今最優秀的防守球員：

1	菲臘·拿姆（Philipp Lahm）	完美的右邊衛
2	迪亞高·哥甸（Diego Godin）	世界級中堅
3	大衞·艾拿巴（David Alaba）	技術全面的左邊衛
4	喬治奧·基亞連尼（Giorgio Chiellini）	指揮型中堅
5	拉斐爾·華拉尼（Raphaël Varane）	具潛力的中堅

清道夫（Sweeper）是中堅以外，第三位防守中路的球員。他的角色較自由，不像中堅那樣必須攔截進攻，反而可以出現在防線的任何位置，將足球「掃出」危險的範圍，或是攔阻嘗試突破防守的球員。

防守陣式2

翼衛

中堅

清道夫

中堅

翼衛

翼衛（Wing Backs）實際上由邊衛演變出來，主要任務是防守。不過，一旦己方奪回控球權，防守壓力消除後，翼衛便要輔助隊友進攻了。

守門員

門將可說是球隊裏「瘋狂」的一員，他們需要擁有全面的能力！身形高大的門將具有優勢，但他們也需要具備良好的彈跳力。他們要躍起應付高球，又要奮身落地阻擋低球。此外，守門員也需要具有敏捷的反應、敏銳的位置感，以及強壯的雙手！而且，他們還要無懼受傷，勇敢封截進攻球員；在對方開出角球時，又要奮力抵擋衝撞。

龍門架高度
從地面至橫楣 - **2.44米**

2.4 米—

2.1 米—

最高的守門員
比利時的克里斯托夫‧凡‧霍特（Kristof Van Hout）- **2.08米**

1.8 米—

1.5 米—

最矮的守門員
聖馬利諾的費德里科‧瓦倫蒂尼（Federico Valentini）- **1.63米**

1.2 米—

0.9 米—

2001年，意大利「鋼門」基安盧基‧保方（Gianluigi Buffon）由帕爾馬轉投祖雲達斯，其轉會費高達**4千零29萬歐元**，令他成為全球身價最高的門將！

0.6 米—

0.3 米—

第一對龍門手套於十九世紀製造，但它當時並不普及，大部分門將比賽時仍赤手救球。直到二十世紀，龍門手套才成為守門員的必要裝備。

哥頓‧賓士（Gordon Banks）是**英格蘭最偉大的門將**，直到1970年世界盃期間，他仍在試用不同類型的龍門手套。

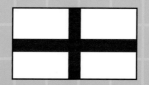

現時，龍門手套都具有「護指作用」。在門將撲救強力的射球或是炮彈式的罰球時，手套有助加強手指的保護。

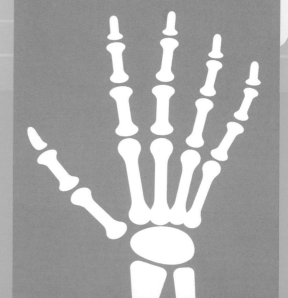

職員足球員中，足球生命最長的非守門員莫屬。英格蘭國腳級門將彼得‧施路頓（Peter Shilton）的職業生涯長達**31年**，直到47歲才退下來。

1990　1993　1999

丹麥門將彼得·舒米高曾3次獲封為「**丹麥足球先生**」。

意大利傳奇門將甸奴·索夫，曾在國際賽中連續1,142分鐘不失一球，成為國際賽**最長時間不輸球**的守門員。

美屬薩摩亞與澳洲爭奪世界盃出線資格時，美屬薩摩亞守門員尼克·薩拉普（Nicky Salapu）竟然在單場比賽中失掉31球。

世紀門將*

*由國際足球歷史和統計聯合會投票選出

巴西門將羅渣里奧·切尼（Rogério Ceni）不但負責防止對方入球的工作，還多次為球隊入球得分！單在2005年賽季，他替球隊聖保羅攻進了21球十二碼或自由球。

哥頓·賓士
（Gordon Banks）
英格蘭
1963年－1972年

列夫·耶辛
（Lev Yashin）
前蘇聯
1950年－1970年

甸奴·索夫
（Dino Zoff）
意大利
1968年－1983年

領隊

　　領隊又稱為主教練，多數由球會班主委任，負責管理隊內事務。他們的工作範圍甚廣，除了要決定運用哪些球員和策劃戰術外，也會因應需要向球會推薦合適的球員，加強球隊的實力。國家隊領隊會徵召國內精英，為隊伍出戰大型國際比賽。

不少頂級球員在退役後會轉職為領隊，部分甚至能為球隊取得佳績，巴塞隆拿的領隊路易斯·安歷基（Luis Enrique）就是一個好例子了。此外，也有些領隊並未當過球員，如卡洛斯·阿爾貝托·彭利拿（Carlos Alberto Parreira），他曾帶領巴西隊奪得1994年世界盃。

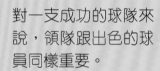

對一支成功的球隊來說，領隊跟出色的球員同樣重要。

歐洲最成功的領隊

	奪冠紀錄					
	歐聯	意甲	西甲	德甲	英超	法甲
佩普·哥迪奧拿 （Pep Guardiola）						
巴塞隆拿	⚽⚽		⚽⚽⚽			
拜仁慕尼黑				⚽⚽⚽		
荷西·摩連奴 （José Mourinho）						
波圖	⚽					
車路士					⚽⚽⚽	
國際米蘭	⚽	⚽⚽				
皇家馬德里			⚽			
卡路·安察洛堤 （Carlo Ancelotti）						
AC米蘭	⚽⚽	⚽				
車路士					⚽	
巴黎聖日耳門						⚽
皇家馬德里	⚽					
路爾斯·安歷基 （Luis Enrique）						
巴塞隆拿	⚽		⚽⚽			

著名的領隊

維托里奧·波佐
（Vittorio Pozzo）

三十年代的意大利國家隊領隊，是唯一一位帶領國家隊兩奪世界盃冠軍的主教練。

麥·畢士比爵士
（Sir Matt Busby）

這位蘇格蘭領隊率領曼聯三次奪得聯賽冠軍後。球隊在1958年慘遇空難，失去了多名球員。畢士比爵士重建球隊，還先後奪得足總盃、聯賽和歐洲冠軍盃。

連奴斯·米高斯
（Rinus Michels）

荷蘭球隊阿積士在他帶領下，於七十年代期間成為歐洲勁旅。他之後更率領荷蘭國家隊進入世界盃決賽周。

阿歷士·費格遜爵士
（Sir Alex Ferguson）

另一位在曼聯執教的蘇格蘭籍領隊，在他27年的領導下，曼聯兩奪歐聯冠軍，並在英超賽事中13次稱霸。

科琳娜·迪雅姬（Corinne Diacre）是**第一位執教高級別男子足球隊的女性**，她在2014年被委任為法國乙級足球聯賽克萊蒙的領隊。

領隊經常承受極大壓力，在各項頂級聯賽中，每球季約有一半的領隊**被解僱**。

即使是戰績輝煌的領隊，有時也難逃被辭退的厄運。荷西·摩連奴雖然曾帶領車路士3次在英超稱王，卻兩次被該球會革職。

白賴仁·哥洛夫（Brian Clough）的綽號是「Old Big Head」，中文解作「**自大的老頭子**」。他的領隊生涯多姿多彩，只用了短短一年時間，便能帶領英格蘭球隊諾定咸森林，由乙組升至甲組聯賽，更取得該組別的冠軍！諾定咸森林其後還兩度在歐洲冠軍盃中封王！

歷來**最快被解約**的領隊是利萊·羅仙尼亞（Leroy Rosenior），英格蘭球會托基聯只聘用他10分鐘，就把他解僱了。

十二碼決勝負

　　互射十二碼是足球賽事中，其中一項最緊張刺激的環節。在淘汰賽階段，如雙方末能在法定時間或加時作賽中分出高下，便需要以十二碼定勝負。兩隊會各派出五名球員（有時需要更多）主射十二碼，入球較多的一方可勝出該場比賽。射入關鍵一球的隊員，心情會無比激動、興奮，而不幸射失的球員則會感到非常失落。

1970年

英格蘭足球史上，首次以十二碼定勝負的賽事，是侯城跟曼聯於1970年的比賽。最後，曼聯以4-3勝出。

英超球會中，利物浦是以**互射十二碼勝出次數最多**的隊伍。

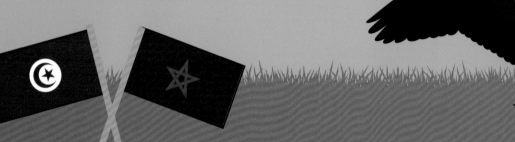

1977年

突尼斯對摩洛哥的大戰中，出現了世界盃首次以十二碼淘汰對手的局面。最後，前者以4-2擊敗對手。

首次以十二碼定勝負的**世界盃決賽**，是1994年意大利對巴西的冠軍爭霸戰。當時，意大利前鋒羅拔圖・巴治奧（Roberto Baggio）不幸射失決定性的一球，讓巴西以比數3-2捧走獎盃。

世界盃中以十二碼取勝次數最多的球隊：

國家		互射十二碼次數		勝出次數	勝率
██	德國	4	●●●●	4	100%
🇦🇷	阿根廷	5	●●●●●	4	80%
🇧🇷	巴西	4	●●●●	3	75%
▯	法國	4	●●●●	2	50%

十二碼成績最差的球隊！

英格蘭似乎是最不擅長射十二碼的球隊，在世界盃中，球隊輸掉了所有需要以互射十二碼來定勝負的比賽。

69 球射失

世界盃曾出現240球決定勝敗的十二碼。

171球射入

意大利吸取了1994年敗於巴西的教訓，於2006年世界盃決賽互射十二碼時，以5-3擊敗法國。

2005年納米比亞盃決賽中共有**48**球十二碼，創下了歷史紀錄。當時，雙方合共有15球未能射入，KK Palace最後以17-16擊敗了Civics。

球迷

　　每隊成功的足球隊，必然有一班忠實的擁護者。球員和領隊也許來去無定，球迷卻一直忠實地支持心愛的隊伍。無論是球會或是國家隊，球迷絕對是隊伍的心臟和靈魂。沒有球迷的話，足球不會發展成如今這麼受歡迎的運動。

很多球迷不惜長途跋涉，甚至遠赴海外，親臨比賽現場，為支持的球隊打氣。有些球會的忠實球迷數量驚人，有時他們即使以客隊身分比賽，球迷人數也比主場球迷多。

貝爾格萊德紅星的球迷在主場營造的氣氛，可算是世界上最熱烈的！尤其是主隊迎戰貝爾格萊德遊擊隊時，現場氣氛更加高漲。這種氣勢可以激勵他們所支持的球隊，並震懾對手。

全球共有超過10億球迷收看世界盃電視轉播。

球會深知球迷的重要性，因此有規模的球會都會善用雜誌、網頁，甚至是特別的電視頻道，提供球會的消息。

足球新聞

大部分國家都有足球的報章或雜誌，向球迷發放最新的消息。

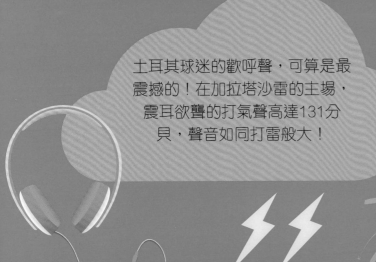

土耳其球迷的歡呼聲，可算是最震撼的！在加拉塔沙雷的主場，震耳欲聾的打氣聲高達131分貝，聲音如同打雷般大！

歌曲是足球文化的一部分，球迷常在比賽開始前或賽事進行中，高唱球隊的會歌，以鼓勵場上的球員。利物浦的《你永遠不會獨行》（*You'll Never Walk Alone*）和巴塞隆拿的《巴塞頌歌》（*Barca Chant*），都是為人熟悉的球會會歌。

巴西球隊哥列迪巴主場展現的煙火是最壯觀的。綠色的煙火在天空綻放，但是整個球場都會變得煙霧瀰漫，所以該煙火表演也被稱為「綠色地獄」。

不同國家的球迷在觀賞賽事時，都各自有喜愛的食物：

	阿根廷	香腸三文治
	波斯尼亞和黑塞哥維那	鹽腌葡萄
	德國	德國油煎香腸
	以色列	葵花籽
	英國	肉餡餅

球證

　　雖然球證經常受到球迷、主教練和傳媒的批評，但他們是足球賽事中不可或缺的角色。球證必須確保比賽依照球例進行，而且掌有很大的權力，可以把球員或後備席的領隊驅逐離場，甚至有權終止賽事！

國際知名的球證

	球證	國籍		曾執法的大型賽事
1	皮耶路易吉·哥連拿 (Pierluigi Collina)	意大利		2002年世界盃決賽、1999年歐聯決賽
2	侯活·韋比 (Howard Webb)	英國		2010年世界盃決賽、2010年歐聯決賽
3	佩德羅·普羅恩卡 (Pedro Proença)	葡萄牙		2012年歐聯決賽
4	米歇爾·沃特羅 (Michel Vautrot)	法國		1982年和1990年世界盃，共5場賽事
5	彼得·米科爾森 (Peter Mikkelsen)	丹麥		1990年和1994年世界盃，共5場賽事
6	桑多爾·普爾 (Sándor Puhl)	匈牙利		1994年世界盃決賽、1997年歐聯決賽
7	金·米爾頓·尼路臣 (Kim Milton Nielsen)	丹麥		2004年歐聯決賽

阿根廷球證達米安·盧比諾（Damian Rubino）曾把22位球員全部驅逐離場！同時，他向所有後備球員和兩隊的教練出示紅牌，令紅牌數目多達36張，創下了單場賽事驅逐最多球員出場的紀錄。

所有執法球證都會帶備一個**哨子、手錶、紅牌、黃牌**，以及**紙**和**筆**來作記錄。他們還會帶上一枚**硬幣**，用來決定上、下半場由哪支球隊先開球。

早期，足球比賽並沒有球證執法，場上所有的爭議都會透過有禮的討論和握手來解決。

場區內，球證會用手勢來傳達訊息。

入球　　　　　　阻人前進　　　　　　手球　　　　　推人犯規

球證左襟前的圓袋上有一個徽章，顯示其裁判執照，列明簽發的組織和發出日期。相關組織包括國際足球協會、英格蘭超級足球聯賽、西班牙甲組足球聯賽等。

足球賽事還未使用哨子前，球證會揮動一條白色手巾表示他的裁決。

1990年世界盃準決賽，在意大利對阿根廷的上半場加時賽中，曾被評為最佳裁判員的法國球證米歇爾·沃特羅，忘記了檢查手錶時間，令原本只有15分鐘的賽事，延長至23分鐘。

另一名頂級國際球證桑多爾·普爾，曾擔任 1994 年世界盃 8 強賽事的主裁判員。比賽中，有意大利球員用手肘撞擊一名西班牙中場球員，以至他的鼻骨骨折。可是，普爾竟然對此行為視若無睹，連黃牌也沒有出示。最後，意大利隊以比數 2-1 勝出，令西班牙隊的支持者忿忿不平，予以批評和遣責。

人們一直認為皮耶路易吉·哥連拿是最佳國際球證。禿頭和一雙銳利的眼睛是他最為人熟悉的特徵。哥連拿曾任世界盃和歐聯兩項大賽決賽的主裁判，並連續6年被選為「年度最佳球證」。

55

亞洲足球

電視轉播的世界盃和歐洲賽事在亞洲一直很受歡迎，但是有很多亞洲國家是在近年才開始致力發展本土職業足球。頂級球會，如中國超級聯賽的球隊廣州恒大，就投放龐大的資金，嘗試將球隊提升至歐洲球會的水平。

亞洲足球協會（AFC）是管理亞洲足球事務的組織，現有47個國家成員，包括西亞的沙特阿拉伯、敍利亞，東亞的中國、日本、韓國，南亞的印度、泰國等。

2022年世界盃決賽周將會在**卡塔爾**舉辦，顯示亞洲在全球足球舞台的地位正越趨重要。在此之前，只有2002年的世界盃決賽周是在亞洲舉行，該屆賽事由日本和南韓攜手主辦。

亞洲球隊在世界盃的佳績	國家	南韓	北韓	日本	沙特阿拉伯
	成績	4強	8強	16強	16強
	年份	2002	1966	2002，2010	1994

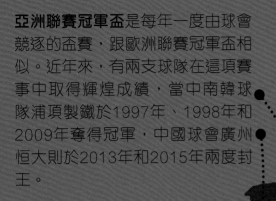

亞洲聯賽冠軍盃是每年一度由球會競逐的盃賽，跟歐洲聯賽冠軍盃相似。近年來，有兩支球隊在這項賽事中取得輝煌成績，當中南韓球隊浦項製鐵於1997年、1998年和2009年奪得冠軍，中國球會廣州恒大則於2013年和2015年兩度封王。

亞洲盃每四年舉辦一次，是洲內最重要的國際賽事，將決定哪支球隊會成為亞洲足球霸主。

在剛過去的七屆亞洲盃中，日本隊4次贏得冠軍！

2002年世界盃決賽周的第二輪賽事中，南韓隊碰上了意大利隊。當時，效力意大利球隊佩魯賈的南韓前鋒安貞桓，替國家隊射入致勝一球。他卻因此而被指責「毀了意大利足球」，更被球會解僱！

部分亞洲球員因效力歐洲球隊而成名。

香川真司（日本）
效力球隊：多蒙特
職業生涯最高成就：
亞洲盃冠軍

岡崎慎司（日本）
效力球隊：李斯特城
職業生涯最高成就：
英格蘭超級足球聯賽
冠軍

孫興慜（南韓）
效力球隊：熱刺
職業生涯最高成就：
亞洲盃亞軍

朴柱昊（南韓）
效力球隊：多蒙特
職業生涯最高成就：
瑞士超級足球聯賽冠軍

巴西球員阿歷士·泰斯拿（Alex Teixeira），以3千8百萬鎊轉會費，從烏克蘭球隊薩克達轉投中國超級足球聯賽（中超聯）球隊江蘇蘇寧。

哥倫比亞球員積遜·馬天尼斯（Jackson Martínez），以3千1百萬鎊轉會費，從西班牙球隊馬德里體育會轉投中超聯球隊廣州恒大。

亞洲富豪球會為了增強實力，不惜花費越來越高的轉會費，羅致頂級球員。

巴西球員艾傑臣（Elkeson），以1千5百73萬鎊轉會費，從中超聯球隊廣州恒大轉投另一支中超聯球隊上海上港。

巴西球員拉美利斯（Ramirez），以2千5百萬鎊轉會費，從英超球隊車路士轉投中超聯球隊江蘇蘇寧。

商業足球

今時今日，足球似乎跟巨額資金掛鈎了。頂級球會支付的轉會費、球員和領隊的薪酬甚至達到天文數字。許多超級球星都是億萬富翁。各大企業爭相以贊助的形式，投資大量金錢於足球界。

最高薪酬的球員*

*資料根據2017年福布斯收入榜

每年500萬美元

3200萬
美元

3400萬
美元

3700萬
美元

8000萬
美元

9300萬
美元

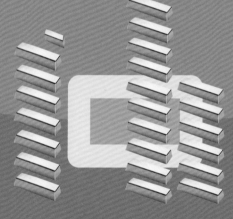
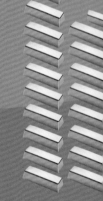

薩拉坦·伊巴
謙莫域
（Zlatan Ibrahimović）

加里夫·巴里
（Gareth Bale）

尼馬·山度士
（Neymar Santos Jr.）

利昂內爾·美斯
（Lionel Messi）

基斯坦奴·
朗拿度
（Cristiano Rona

曼聯　　　　皇家馬德里　　　巴黎聖日耳門　　　巴塞隆拿　　　皇家馬德里

4億2千9百萬英鎊
皇家馬德里的陣容是全球最昂貴的。

西班牙的超級富豪球會皇家馬德里，是利用破紀錄的轉會費來羅致球員。2000年，他們以破當時紀錄的3千7百萬英鎊，購入路易斯‧費戈（Luis Figo）。一年後，又豪擲9千6百萬英鎊購入齊丹（Zidane）。到了2009年，皇馬用了8千萬英鎊將基斯坦奴‧朗拿度（Cristiano Ronaldo）招致麾下。其後，收購加里夫‧巴利的交易高達8千6百萬英鎊，再一次創下轉會費紀錄。

曼聯擁有史上購入價最高的青少年球員

畫面：朗尼（Wayne Rooney）、盧基‧梳爾（Luke Shaw）、安東尼‧馬斯亞（Anthony Martial）

三千萬英鎊、三千萬英鎊、3千6百萬英鎊

激烈的商業競爭
信用卡公司萬事達多年來都是世界盃的合作伙伴，後來卻被競爭對手VISA取代了。

1982年，牛奶銷售管理局（Milk Marketing Board）開始贊助聯賽盃賽事，使它成為首項受贊助的英格蘭足球錦標！自此，聯賽盃便擁有「牛奶盃」的稱號了。

快餐巨頭麥當奴是最大型的國際足球賽事——世界盃和歐國盃的長期贊助商。他們也不遺餘力地推廣草根階層的青年培訓。

NIKE
Nike花費大量金錢予世界各地的球員和球隊，讓他們穿上Nike球衣作賽。2016年歐國盃參賽隊伍中，英格蘭、法國、葡萄牙、波蘭、克羅地亞的球員，都穿上了Nike球衣。該品牌也同時贊助了參加美洲盃的巴西和智利。

自1950年起，可口可樂在每場世界盃比賽中，都會有其品牌的宣傳廣告。1978年開始，他們更成為世界盃的官方合作伙伴。

足球科技

先進的科技是現代足球中越來越重要的元素。電子儀器能顯示足球是否完全越過龍門的白界線，又能提供全面的賽事數據，讓教練們分析，藉以改善球隊的表現。

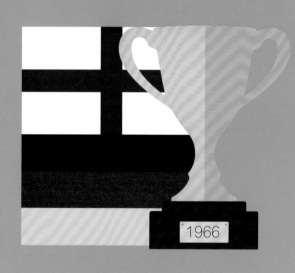

熱點圖是一項應用於足球的尖端科技，能夠顯示每位球員在場上最活躍的範圍。精細的技術能夠記錄角球次數、命中目標的射門數字等，所提供的資料詳盡且深入。

1966年世界盃決賽中，英格蘭與德國對戰時，英格蘭取得的第三個**入球存在極大爭議**。至今，德國隊的支持者仍堅稱當時的足球並沒完全越過球門線。

全球共有78個足球場獲准使用「**門線技術**」，用以判斷入球是否有效。

「**鷹眼**」是最廣為人知的門線技術，系統利用多組攝錄機追蹤足球，只要電腦感應到足球已越過球門線，便會即時透過球證佩戴的特製手錶作出通知。

體育數據公司Opta為每支球隊提供一名分析員，負責記錄比賽中每次射門、頭球、傳球、角球、撲救等數據，並將有關資料輸入電腦。

大部分球隊在處理搜集到的資料時，都會極為小心謹慎。如果不慎洩漏數據，便有利競爭對手的部署。

Cairos GLT 門線技術需要在球內植入微型晶片，當足球越過龍門線後，便會觸發草地下的感應器。

Goalminder系統是一項嶄新的門線技術，技術人員在門柱和門楣嵌入多部高清攝錄機，確保足球在任何位置都不會因掉進盲點而影響球證判斷。

電視與足球

　　早期，人們要看職業足球比賽，就必須購票進入球場。不過，自從電視開始轉播足球比賽後，球迷就可以安坐家中欣賞賽事。現時世界各地的觀眾人數已增至數十億了。

1937 年，首場特別安排的電視轉播賽事在倫敦進行。到了 1946 年，足球比賽終於第一次在電視上現場直播。可是，該次賽事因為戶外環境昏暗，加上缺乏泛光燈照明，最後直播只能提早結束。

電視轉播為足球界帶來大量收入，也改變了人們對球員的看法。

起初，球會只准許電視台直播賽事的下半場，因為他們擔心全場直播會影響入場人數和售票收入。

英格蘭超級足球聯賽每年從電視轉播獲得的收益超過 10 億英鎊。

最高收視的賽事

國際賽
世界盃決賽

球會盃賽
歐洲聯賽冠軍盃決賽

英格蘭聯賽
曼聯對利物浦

球隊
第一位：曼聯
第二位：皇家馬德里
第三位：巴塞隆拿

英格蘭超級足球聯賽

單計亞洲地區，收看**英超轉播**的人數就高達3億6千萬，令此項錦標成為最受歡迎的外國體育節目。

電視轉播對足球的好處　VS　電視轉播對足球的壞處

電視轉播對足球的好處

- 足球運動變得普及，一些球迷渴望從電視中看到球星，電視轉播可吸引大量觀眾收看。

- 電視報道讓球迷更快得知球會的最新消息。

- 運用慢鏡和特寫鏡頭重播入球、犯規等重要片段。

- 觀眾數量增加時，能夠吸引財力雄厚的贊助商，幫助足球運動的發展。

電視轉播對足球的壞處

- 在電視觀看球賽相對便宜，可能會減少入場觀眾。

- 為吸引觀眾和讀者，電視和報章在報道球員的行為時，難免過度渲染，有損足球運動的名聲。

- 球員知名度增加，卻有機會失去私隱。

- 足球比賽成為電視主要的體育節目，間接令其他體育項目被忽略。

大銀幕

球場內設有不少攝影機拍攝比賽過程，可供日後製作電影之用。

近年關於足球的電影

《巴西足球魂》（*The Soul of Brazilian Football*）2005年出品

《玩轉列斯聯》（*The Damned United*）2009年出品

《下一球致勝》（*Next Goal Wins*）2014年出品

新雅・知識館

圖解世界足球百科

作　　者：Wayland Books
插　　圖：Wayland Books
翻　　譯：關卓欣
責任編輯：葉楚溶
美術設計：蔡耀明
出　　版：新雅文化事業有限公司
　　　　　香港英皇道499號北角工業大廈18樓
　　　　　電話：(852) 2138 7998
　　　　　傳真：(852) 2597 4003
　　　　　網址：http://www.sunya.com.hk
　　　　　電郵：marketing@sunya.com.hk
發　　行：香港聯合書刊物流有限公司
　　　　　香港新界大埔汀麗路36號中華商務印刷大廈3字樓
　　　　　電話：(852) 2150 2100
　　　　　傳真：(852) 2407 3062
　　　　　電郵：info@suplogistics.com.hk
版　　次：二〇一八年一月初版

Original Title: An Infographic Guide to Football
First published in English language in 2016 by Wayland
Copyright © Wayland, 2016
All rights reserved.
Produced for Wayland by Collaborate
Edited by Corinne Lucas

Wayland, an imprint of Hachette Children's Group
Part of Hodder and Stoughton
Carmelite House
50 Victoria Embankment
London EC4Y 0DZ
An Hachette UK Company
www.hachette.co.uk
www.hachettechildrens.co.uk

ISBN: 978-962-08-6951-8
Traditional Chinese Edition © 2018 Sun Ya Publications (HK) Ltd.
18/F, North Point Industrial Building, 499 King's Road, Hong Kong
Published and printed in Hong Kong.